CATALOGUE
DES
TABLEAUX,
DES BUSTES,
ET AUTRES OUVRAGES
DE SCULPTURE EN MARBRE,
ET DES BRONZES,
DU CABINET DE M. LE COMTE
DE PONTCHARTRAIN.

Dont la Vente qui se fera au plus Offrant & dernier Enchérisseur à l'Hôtel de Pontchartrain, ruë Neuve des Petits-Champs, sera indiquée par Affiches.

A PARIS,
Chez P. J. MARIETTE, ruë S. Jacques,
aux Colonnes d'Hercule.

M. DCC. XLVII.

CATALOGUE DES TABLEAUX,

DES BUSTES ET AUTRES OUVRAGES de Sculpture en Marbre,

ET DES BRONZES, DU CABINET de M. le Comte DE PONTCHARTRAIN.

TABLEAUX.

LA Sainte Vierge tenant l'Enfant Jesus, demie figure, de l'Ecole de *Léonard de Vinci*; Tableau peint sur bois, haut de 20 pouces, large de 15 pouces; il est, ainsi que tous ceux qui suivent, renfermé dans sa bordure de bois doré.

La Charité accompagnée de deux Enfans, demie figure, par *André del Sarte*, peint sur toile, haut de 3 pieds & demi, large de 4 pieds.

La Sainte Vierge à genoux, ayant à ses

A

pieds l'Enfant Jesus assis à terre, & le petit S. Jean, & à ses côtés deux Anges en acte d'adoration. Ce Tableau qui est sur bois, est estimé être de la première manière de *Raphaël* sortant de chez Pietre Perugin; mais il paroît plutôt être de *Laurent di Credi*, Florentin, Condisciple de Léonard de Vinci sous André Verocchio, & c'est un morceau curieux : il est sur bois, & a 4 pieds 9 pouces de haut sur 3 pieds 8 pouces de large.

La Vision d'Ezéchiel, ou Dieu porté par les quatre Animaux mystérieux, d'après *Raphaël*, peint sur bois, haut de 13 pouces, large de 11 pouces.

L'Assemblée des Dieux, & les Nôces de Psiché. Copies faites en Italie d'après les originaux de *Raphaël*, qui sont dans le plafond de la Galerie du Palais Chigi à Rome, de 2 pieds de haut sur 4 pieds 8 pouces de large.

La Sainte Vierge portant entre ses bras l'Enfant Jesus qui reçoit les caresses du jeune S. Jean, demie figure, peint sur bois dans la manière de l'Ecole de Raphaël, haut de 3 pieds 9 pouces, & large de 2 pieds 3 pouces.

La Sainte Vierge assise dans une niche ; elle tend les bras à l'Enfant Jesus qui se jette à son col, & elle a près d'elle le petit S. Jean, Tableau peint sur bois qu'on estime être du *Garofalo*, de 18 pouces de haut sur un pied de large.

La Sainte Vierge accompagnée de Sainte Anne, de S. François & de S. Bernardin de Sienne, peint sur bois par un ancien Maître Italien, de 18 pouces de haut sur un pied de large.

Un Crucifix peint sur un Marbre noir par un Peintre de l'Ecole Romaine, d'un pied de haut sur 10 pouces de large.

La Madelaine pénitente, demie figure, par le *Titien*, Tableau peint sur toile, de 3 pieds & demi de haut sur 3 pieds de large.

Un Empereur Romain, demie figure, peinte par le *Titien* sur toile, de 4 pieds de haut sur 3 pieds de large.

Un Banquet de nobles Vénitiens, sujet composé de quatre demies figures, peint sur toile dans la maniére du *Titien*, de 3 pieds de haut sur 2 pieds 4 pouces de large.

La Présentation de N. S. au Temple, Tableau composé de huit figures de grandeur naturelle, peint par *Paul Véronese*, & de sa meilleure maniére. Il est d'une conservation parfaite & d'une si grande fraîcheur de couleur, qu'on connoît en France peu de Tableaux de cet excellent Maître aussi considérable que celui-ci. Il est sur toile, & a 7 pieds en quarré, dans une belle bordure de bois, sculptée & dorée.

La Femme adultére amenée par les Juifs à Jesus-Christ, demies figures, Tableau peint sur toile par le *Tintoret*, de 2 pieds 9 pouces de haut sur 4 pieds 8 pouces de large.

La Madelaine aux pieds de Jesus-Christ qui est assis à table chez Simon le Pharisien, Tableau sur toile peint par le *Bassan*, de 3 pieds & demi de haut sur 5 pieds 3 pouces de large.

Jesus-Christ trouvant S. Mathieu assis dans son comptoir, Tableau singulier peint sur toile par *Jacques Bassan*, de 2 pieds 10 pouces de haut sur 4 pieds & demi de large.

La Sainte Vierge occupée à coudre en la compagnie des Anges, petit Tableau sur cuivre, par le *Guide*, de 11 pouces de haut sur 8 pouces de large.

S. Jérôme recevant la sainte Eucharistie, avant que d'expirer, petit Tableau du *Dominiquain* que le même excellent Peintre a exécuté en grand, & qui est regardé comme un des plus beaux morceaux de peinture qui soit à Rome. Celui-ci qui est sur toile, a 4 pieds 2 pouces de haut sur 2 pieds 8 pouces de large.

La sainte Famille se reposant dans un Paysage, & servie par les Anges, composition très-gracieuse, peinte par *l'Albane*, sur toile, de 2 pieds 3 pouces de haut sur 3 pieds 2 pouces de large.

La Sainte Vierge ayant entre ses bras l'Enfant Jesus endormi, demie figure, Tableau peint sur toile, de la meilleure maniére du *Guerchin* : il a 3 pieds & demi de haut & 2 pieds 10 pouces de large.

La Théorie & la Pratique de la Peinture représentées la premiére par un Vieillard qui tient un compas & un miroir, & la seconde par une Femme ayant la palette & les pinceaux à la main, & qui se met en devoir de peindre, demies figures, par le *Guerchin*, Tableau peint sur toile, de 3 pieds & demi de haut sur 4 pieds 8 pouces de large.

L'Enfant prodigue revenant trouver son pere qui le reçoit avec bonté, peint par *Dominique Feti*, sur toile ; les figures sont de grandeur naturelle, & le coloris en est très-vigoureux. Il porte 7 pieds de hauteur sur 4 pieds de largeur.

La Sainte Vierge assise sur des nuées, & ayant sur ses genoux l'Enfant Jesus qui tient un oiseau, maniére Lombarde, Tableau de 1 pied de haut sur 9 pouces de large.

Une tête de Vieillard, légérement peinte par un des meilleurs Maîtres Italiens, de 14 pouces de haut sur 1 pied de large.

La sainte Famille composée de trois figures & de quatre Enfans, en demies figures, Tableau sur bois, peint par un ancien Maître des Pays-Bas, qu'on estime être *François Floris*, de 3 pieds de haut sur 4 pieds de large.

Un Portrait d'un homme en bonnet, qui

peut être *d'Holbein*, de 16 pouces de haut sur 1 pied de large, il est peint sur bois.

Un autre Portrait d'un homme ayant une barbe, peint sur bois, aussi dans la maniére *de Holbein*; il a 18 pouces de haut sur 15 de large.

Un Enfant endormi, esquisse dans la maniére *de Vandick*, peinte sur toile, de 3 pieds de haut sur 2 pieds & demi de large.

Le Portrait de *Rembrandt* peint par lui-même : il s'y est représenté ayant un bonnet sur la tête & avec des mains. Il a 3 pieds & demi de haut, & 2 pieds 8 pouces de large, & est sur toile.

S. Laurent, Diacre, tenant une palme & l'instrument de son martyre, dans un Paysage, petit Tableau peint sur cuivre par *Adam Elsheimer*, de 6 pouces de haut sur 4 pouces & demi de large, dans une bordure de cuivre doré. Il y en a une Estampe gravée par Hollar.

Le jeune Tobie prenant congé de son pere pour aller voyager, peint par *Eustache le Sueur*; les figures sont de petite nature, & il est sur toile. Il a 4 pieds 3 pouces de haut sur 3 de large.

Jesus-Christ chez Marthe & Marie, excellent Tableau du célébre *Eustache le Sueur*. Il y en a une Estampe gravée par Benoît Audran qui met en état de connoître la composition ; mais il faut voir le Tableau même pour se former une juste idée de la beauté des caractéres : il est peint sur toile, & a 6 pieds de haut sur 3 pieds 9 pouces de large.

Le Martyre de S. Laurent, c'est encore un des plus parfaits Tableaux *d'Eustache le Sueur*, & dont on connoît la composition par l'Estampe qu'en a gravé Gérard Audran : il est sur toile, & d'une conservation parfaite ; il est de même forme & grandeur que le précédent.

La mort de S. Louis, Tableau de 7 pieds & demi de haut sur 5 pieds & demi de large, peint sur toile par *Antoine Coypel*.

Le Portrait de Louis XIV. représenté assis, & revêtu de ses habits royaux, peint par M. *Rigault*, de 10 pieds de haut sur 7 de large, dans une riche bordure de bois doré.

Un Panier de fruits, du Gibier, un Chat & un Chien, représentés dans un demi ceintre, peint par *Desportes*.

Un grand Tableau en largeur de l'École du *Titien*, représentant une femme nue couchée.

Un grand Tableau en hauteur, du *Guide Cagnacci*, représentant une Cléopatre piquée par un Aspic.

Un Tableau de *Brugle* de velours, représentant un Paysage. Ce Tableau est presque le double en grandeur des Tableaux ordinai-

A iiij

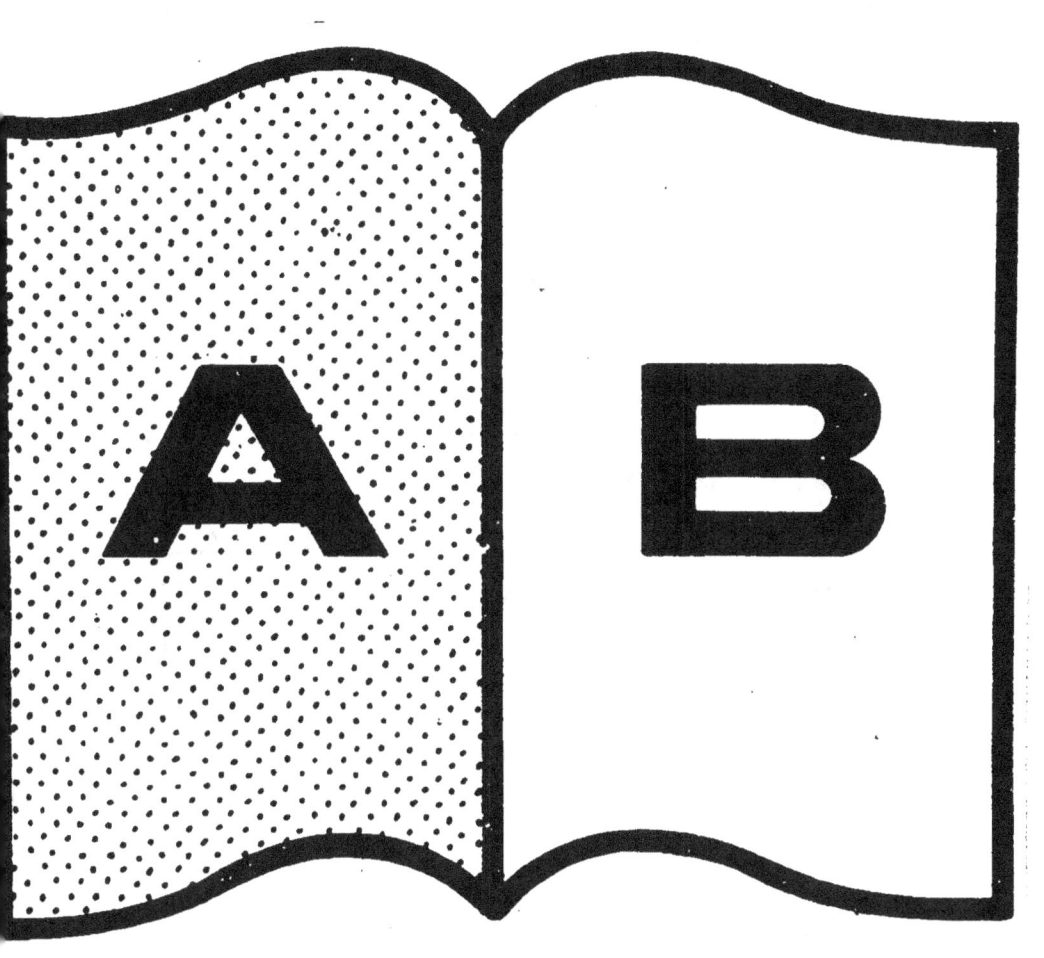

Contraste insuffisant

NF Z 43-120-14

res de ce Maître. La composition en est vaste; il y a un grand nombre de figures, & cependant tout y est d'un beau fini.

Un Tableau de *Varrege*, représentant un bain de femmes où il y a une douzaine de figures, du meilleur ton de ce Peintre.

Un Tableau de *Vauvremans* de son premier tems, représentant plusieurs figures & plusieurs chevaux avec quelques arbres d'une très-belle touche : ce Tableau est d'un ton très-vrai & fort en couleur.

Un Tableau de *Van-Uden*, représentant un Paysage; ce Peintre étoit le Paysagiste de Rubens. Il y a sur le devant du Tableau plusieurs figures qui sont de *David Teniers*.

Un Tableau d'*Huysmans* de Malines, représentant un Paysage. Les fonds ont un peu poussé, mais le ciel, les devants & les figures sont d'une grande beauté.

Un petit Tableau dans la maniére de *Terburg*, représentant deux Enfans qui font des boules de savon. Les carnations sont très-vraies.

Un Tableau de *Boulogne* l'aîné dans le goût du Guide, représentant une Charité.

Un Tableau de l'Ecole de *Rubens*, représentant le petit Jesus & le petit S. Jean jouant avec un Mouton ; il y a un fonds de Paysage dont la touche est admirable, ainsi que le ton de couleur qui regne dans tout le Tableau.

Un Paysage de *Ruysdale*. Le feuillé des arbres est d'une touche admirable & singuliére. C'étoit le mérite de ce Peintre dont les Tableaux en ce genre sont très-estimés.

Un Tableau de *Lucas de Leyde*, représentant une jeune fille qui lit. Le pinceau est extrêmement suave, & le caractére de tête est admirable.

Un Tableau de *Vauvremans* de son meilleur goût, représentant un Paysage avec plusieurs figures en petit. Ce Tableau est extrêmement fin, les effets de lumiére y sont naturels, & les teintes d'une grande vérité.

MARBRES.

UN Buste de Porphire, d'un Philosophe, qui paroît être Ciceron; il a un pied de haut, & quelque difficile qu'il soit de travailler cette espéce de Marbre qui est extrêmement dur, l'exécution en est très-belle.

Un Buste antique de Marbre blanc, de 20 pouces de haut, lequel est d'une conservation parfaite & d'un excellent travail. L'Inscription suivante gravée sur le devant de la poitrine de ce Buste, apprend que c'est le portrait d'un Médecin Grec, nommé *Asiaticus*.

ΙΗΤΗΡ ΜΕΘΟΔΟΥ ΑΣΙΑΤΙΚΕ ΠΡΟΣΤΑΤΑ,
ΧΑΙΡΕ.
ΠΟΛΛΑ ΜΕΝ ΕΣΘΛ' ΑΠΑΘΩΝ
ΦΡΕΣΙ, ΠΟΛΛΑ ΔΕ ΛΥΓΡΑ.

La premiére partie de cette Inscription contient en un vers Grec le nom & les qualités de celui dont on voit le portrait, & c'est à lui-même que la parole s'adresse; ce qui pourroit faire croire que ce Buste est un monument érigé en son honneur.

Salut à Asiaticus, célébre Médecin, fils de Methodus.

Ce qui suit est un fragment de vers Grec, qui renferme cette sage Maxime, *Une ame qui n'est point tyrannisée par les passions, envisage du même œil les Biens & les Maux;* & il y a apparence qu'elle peint le caractére d'Asiaticus. On lit outre cela sur le pied du Buste cette autre Inscription qui n'est proprement qu'une répétition de la premiére, mais qui n'est pas à beaucoup près de la même antiquité, & qui même paroît supposée.

MOΔIOC ACIATIKOC
IATPOC MEΘOΔIKOC

Modius Asiaticus, Médecin, fils de Methodicus.

Un Buste antique de Marbre blanc d'une Dame Romaine, dont la coëffure est singuliére, il est très-bien conservé, & il a 21 pouces y compris le pied.

Les Portraits des douze Empereurs Romains en médaillons de Marbre blanc, de 15 pouces de haut sur 10 de large non compris de très-belles bordures de bois doré & sculpté, dans lesquels ils sont renfermés. L'ouvrage est moderne.

Le Buſte de Veſpaſien & celui de Titus en regard. Les têtes de ces deux beaux Buſtes ſont de Porphire, dont on connoît la dureté, & par conſéquent la difficulté du travail, & le reſte eſt en Marbres de diverſes couleurs, enrichis d'ornemens de bronze dorés d'or moulu. Ils ont environ 2 pieds & demi de haut, & ils ſont montés ſur de magnifiques piédeſtaux de Marbre blanc, ornés de bronzes de 4 pieds de haut. Ces deux morceaux de Sculpture ſont d'une grande richeſſe, & ſinguliers dans leur eſpéce.

Buſte de l'Empereur Veſpaſien, & celui de l'Empereur Marc-Aurele. Ces deux Buſtes ſont pendant, la tête du premier eſt de Marbre blanc, & les drapperies étoffées de différens Marbres de couleur; la tête du ſecond eſt antique & de Marbre blanc, & le reſte du Buſte eſt moderne auſſi de Marbre blanc. Ils ſont élevés ſur des ſcabellons de Marbre blanc veiné.

Le Buſte d'un Empereur, de Marbre blanc: la tête en eſt antique, & le reſte eſt moderne.

Les têtes de Céſar & de Pompée en regard; celles des Empereurs Peſcennius Niger & Pertinax auſſi en regard. Ces deux Basreliefs de Marbre blanc (ouvrage moderne) ſont cintrés par le haut, & les têtes ſont de grandeur naturelle; ils ſont montés ſur de riches ſcabellons auſſi de Marbre, étoffés de différentes couleurs.

Buste du jeune Germanicus, ouvrage moderne de Marbre blanc.

Buste de Lucrece, & celui de Cléopatre. Ces deux morceaux de Sculpture qui ont été faits pour faire regard, sont modernes & de très-bonne main. On les croit faits en Italie.

Le Buste de Junon.

—— d'un jeune Romain.

—— d'une jeune Fille.

—— d'un Faune.

Une Tête d'un Faune.

—— d'une jeune Femme.

—— du Dieu Momus.

—— d'une Nymphe de la suite de Diane.

—— d'une Nayade.

—— d'une Vieille.

Les treize Bustes ou Têtes ci-dessus spécifiés, sont des ouvrages modernes exécutés en Marbre blanc, & ils sont tous posés sur des scabellons de Marbre.

Un Bas-relief antique de Marbre blanc, haut de 18 pouces, & large de 15, représentant la mort de Lucrece : cette Dame Romaine expirante est accompagnée de son Mari & d'une de ses Femmes qui la soutiennent, & les expressions répandues sur les visages de ces trois figures sont très-touchantes. Ce Bas-relief est d'une belle conservation.

Un Sphinx de Marbre blanc.

Un petit Chien épagneul de Marbre blanc.

Deux beaux Vases de Marbre de Bréche-Isabelle, d'un dessein uniforme & de bon goût, & de 2 pieds de haut.

Deux Vases d'Albâtre d'une belle forme, ayant chacun 20 pouces de haut.

Deux autres Vases d'Albâtre en forme de Nef.

Deux Vases de Marbre.

Deux autres Vases de Marbre.

Deux magnifiques Dessus de table de Porphire, de 4 pieds 4 pouces de long chacun, sur 2 pieds de large & 14 lignes d'épaisseur.

Deux grandes Conques de Burgos, taillées en forme de Coupes; elles sont renfermés dans leur étuy.

BRONZES.

Jupiter armé de la foudre.

Apollon nommé de *Belvédere*.

Bacchus.

Venus, nommée *de Médicis*.

—— Autre de la même.

Diane, Déesse de la Chasse.

Hercule, surnommé *de Farnese*.

Le vieux Faune, dit *de Borghese*.

Le Fluteur.

La Flore, dite *de Farnese*.

—— Autre de la même.

Antinous, favori d'Adrien.

—— Autre de la même figure.

Ces onze figures d'après l'Antique, ont toutes environ 18 pouces de proportion, & sont très-bien réparées.

Les Lutteurs, grouppe de deux figures, de 18 pouces de proportion, dont l'original antique en marbre, est chez le Grand Duc à Florence.

Le Gladiateur, d'après la Statue antique qui est à la Vigne Borghese à Rome ; de 18 pouces de proportion.

Une Muse.
Une Vestale. } fig. de 13 pouces de haut.

Le vieux Faune de *Borghese*. } fig. de 6 pou-
Venus & l'Amour. } ces de haut.

Jeune Hercule, & Adonis. Ces deux figures viennent d'après l'Antique, elles ont 10 pouces de haut.

Bacchus de bout, de 9 pouces de haut.

Une Femme s'essuyant au sortir du bain,

figure d'environ 9 pouces de haut, du deſſein de *Jean de Bologne*.

Une Femme aſſiſe, qui ſe tord les cheveux au ſortir du bain.

Une autre auſſi aſſiſe, & qui s'eſſuie le pied.

Ces deux figures qui font pendant, ont environ 6 pouces de haut.

Un Homme debout, les bras poſés ſur ſa tête, figure de 8 pouces de haut.

Une vieille Femme qui file, figure d'environ 6 pouces de haut.

Un Faune jouant d'une double flute, figuré d'environ un pied de haut.

Lucrece ſe perçant le ſein, figure de 9 pouces de haut.

Une petite Fille portant des petits Chats dans les pans de ſa robe, figure de 7 pouces.

L'Enlevement de Proſerpine par Pluton Dieu des Enfers. Grouppe de trois figures, dont l'original en marbre par le ſieur *Girardon*, eſt dans les Jardins de Verſailles.

L'Enlevement d'une Sabine. Grouppe de trois figures faiſant pendant avec le précédent, & dont l'original en marbre par *Jean de Bologne*, eſt à Florence; les figures ont environ 15 pouces de proportion.

L'Enlevement de Déjanire par le Centaure Neſſus. Grouppe de deux figures d'après

Jean de Bologne, d'environ 15 pouces de proportion.

Venus accroupie, exécutée sur le modéle de *Jean de Bologne*, figure d'environ 2 pieds de proportion.

Saturne dévorant un de ses enfans.

Hercule assommant Cacus.

Le même Dieu écrasant l'Hydre.

Combat d'Hercule & d'Anthée.

Ces quatre figures qui ont été faites sur les modéles de Jean de Bologne, ont environ 14 à 15 pouces de proportion.

Un Satyre considérant une femme endormie & couchée. Grouppe du dessein de *Jean de Bologne*, les figures étant d'environ un pied de proportion.

Combat d'un Lyon & d'un Cheval.

Combat d'un Taureau & d'un Lyon.

Ces deux Bronzes qui se font simmétrie, viennent d'après des modéles de *Jean de Bologne*.

Apollon poursuivant Daphné métamorphosée en Laurier sur les bords du fleuve Penée, Grouppe de trois figures, composé agréablement : les figures ont environ 15 pouces de proportion.

Jupiter & Junon assis l'un sur l'Aigle, & l'autre sur un Paon, & chacun sur un Globe porté par deux figures de vents. Ces deux Grouppes de 3 pieds & demi de haut sont d'une composition magnifique, & sont exécutés avec beaucoup de soin sur les modéles d'*Alexandre Algardi* excellent Sculpteur Italien. Ils sont posés sur de très-riches scabellons de marqueterie, ouvrage de Boulle.

Venus tâchant de retenir Adonis qui part pour la Chasse, & les Amours de Pomonne & de Vertumne métamorphosé en Vieille. Ces deux Grouppes richement composés, sont exécutées sur les modéles du sieur *le Lorrain*, & ils sont faits pour simmétriser.

Neptune, & Amphitrite. Ces deux figures qui font pendant, & qui ont 20 pouces de haut, sont de *Michel Anguier*.

Mercure le Messager des Dieux, & la Renommée publiant les actions des Héros. Ces deux figures sont montées chacune sur le Cheval Pégase, & elles ont été exécutées en bronze sur les modéles d'*Antoine Coyzevox*, Auteur des deux Grouppes originaux en marbre qui sont dans le Jardin des Thuilleries.

Cinq Médaillons représentant des têtes d'Empereurs en bronze, sur des fonds de marbre, dans des bordures de bois doré, de 18 pouces de haut sur 14 de large.

Le Buste de Henri IV. Roi de France, plus grand que nature; il est parfaitement bien réparé, & a 3 piéds de hauteur. C'est un ouvrage du tems de ce Prince.

La Statue équestre de Louis XIV. qui se voit à la Place des Conquêtes, ou de Louis le Grand, à Paris, exécutée en bronze avec tout le soin & l'art possible, sur le modéle & sous la direction du sieur *Girardon*, dans la hauteur d'environ 3 pieds, & posée sur un magnifique piédestal de bois doré d'un grand goût qui est orné de termes aux quatre angles, & dont le dessein a pareillement été donné par ledit sieur Girardon. Ce beau morceau est unique dans son genre.

Deux Enfans jouant avec une Chévre, Bas-relief de bronze de 7 pouces & demie de haut sur un pied de large dans une bordure dorée, du dessein de *François du Quesnoy, dit le Flamand*.

Deux magnifiques Chandeliers de bronze formés l'un par un Satyre mâle, & l'autre par un Satyre femelle, qui portent de chaque main une bobêche; ils sont dorés en quelques parties, & les pieds sur lesquels ils sont posés, sont enrichis d'ornemens dorés: ils ont environ 20 pouces de haut.

Deux autres grands Chandeliers de bronze, de 14 pouces de haut, dans l'un un Homme, & dans l'autre une Femme, ont chacun sur leurs épaules un enfant qui tient la bobêche du Chandelier; ils ont été exécutés sur les desseins du sieur *Van-Cleve*.

Un très-beau Crucifix de bronze, du deſſein de *Michel-Ange*, la figure ayant 15 pouces de proportion ; il eſt poſé ſur un velours, & renfermé dans un cadre de marqueterie d'un fort bon goût, fait par *Boulle*.

Un Crucifix d'yvoire monté ſur une Croix d'ébéne, & placé ſur un fond de velours dans une bordure de bois doré.

Un Crucifix d'yvoire d'un ſeul morceau.

Un autre Crucifix de buis, exécuté par le ſieur *Villierme* qui y excelloit.

Un Chriſt de pitié attaché à la Colonne pour y être flagellé, exécuté en yvoire.

Un Enfant Jeſus, & un petit S. Jean. L'un & l'autre couchés ſur des pieds d'ébéne enrichis d'ornemens de cuivre, les figures ſont dorés, & viennent d'après des modéles du *Flamand*.

Sainte Madelaine pénitente, & couchée, fort beau bronze d'un Auteur moderne ; il eſt en travers, & porte 18 pouces de long.

F I N.

www.ingramcontent.com/pod-product-compliance
Lightning Source LLC
Chambersburg PA
CBHW030111230526
45471CB00003B/1372